Innovación Agroalimentaria en Asturias

Lección de apertura del curso 2023-2024
del Real Instituto de Estudios Asturianos,
pronunciada el 28 de octubre de 2023

por

D. JUAN JOSÉ MANGAS ALONSO
Miembro de número

REAL INSTITUTO DE ESTUDIOS ASTURIANOS
OVIEDO, 2024

CECEL

CONFEDERACIÓN ESPAÑOLA DE
CENTROS DE ESTUDIOS LOCALES

© REAL INSTITUTO DE ESTUDIOS ASTURIANOS®
Pza. de Porlier, 9 - 1ª planta.
33003 Oviedo
Tlfno.: 984 182 801
ridea@asturias.org / www.ridea.org

© Autor: Juan José Mangas Alonso
ISBN: 978-84-127980-4-3
Depósito Legal: AS 00536-2024
Imprenta GOFER

INNOVACIÓN AGROALIMENTARIA EN ASTURIAS

INTRODUCCIÓN

En primer lugar, quiero expresar mi gratitud al equipo directivo del Servicio Regional de Investigación y Desarrollo Agroalimentario (SERIDA) del Principado de Asturias, concretamente a la directora gerenta Dra. Carmen Oliván García y al jefe del Departamento de Investigación, Dr. Enrique Gómez Piñeiro, por el apoyo recibido y, por supuesto, al personal investigador del SERIDA, ya que, sin su ayuda y aportación de información esta conferencia no hubiese sido posible. También, quiero agradecer a todas aquellas instituciones públicas y/o privadas que han contribuido a la obtención de los resultados de innovación que serán presentados en este discurso de apertura, especialmente, a la Universidad de Oviedo, al Instituto de Productos Lácteos de Asturias, las Asociaciones Agroganaderas y las Empresas Agroalimentarias de Asturias.

La industria agroalimentaria asturiana constituye un sector en el que se integra un importante número de empresas con una producción anual que se acerca a los 2.000 M€ (Preámbulo II, Ley 2/2019, de 1 de marzo, del Principado de Asturias). Su aportación económica a la producción del Principado de Asturias es relevante y su consolidación es clave para el desarrollo de la región y, particularmente, para el medio rural asturiano. Es un sector en crecimiento, que ha demostrado una importante capacidad de resiliencia, constituido en buena medida por empresas familiares en donde el papel de la mujer rural es prioritario, con capacidad de exportación, que añade valor a las producciones primarias y que constituye un elemento estratégico en el conjunto de la actividad económica del Principado de Asturias.

Si atendemos al tamaño de las empresas, el sector agroalimentario asturiano está integrado por pequeñas y medianas empresas que se asientan en el medio rural y se localizan territorialmente por toda la región y a las que hay que añadir grandes empresas que son líderes a nivel nacional y están muy bien posicionadas internacionalmente. Asturias es un espacio singular para la producción de alimentos con sello de calidad territorial, productos de proximidad y elaboraciones que mantienen las formas tradicionales de preparación, dando satisfacción a las demandas de un número cada vez mayor de consumidores. Se constata una creciente demanda por parte de los consumidores de productos agroalimentarios artesanos, así como de potenciar la forma de comercialización que ponga en relación directa al consumidor con los productores.

La producción local, de proximidad y ecológica u orgánica está regulada bajo diferentes normativas a nivel del Estado y de las diferentes Comunidades Autónomas. Una de ellas es la Ley 2/2019, de 1 de marzo, del Principado de Asturias, que persigue potenciar las iniciativas y desarrollar los canales cortos de comercialización de los productos alimentarios mediante la venta directa y de proximidad; fortalecer, fomentar y mejorar la sostenibilidad y competitividad del sector alimentario asturiano, en un contexto de economía viable y solidaria; fomentar una producción agraria y agroalimentaria, así como de los productos pesqueros, con calidad diferenciada, equidad social y sostenibilidad ambiental.

Según los datos facilitados por el informe de la Balanza Comercial Agroalimentaria en 2019, España importó 43,35 millones de toneladas de alimentos en 2018 (un 3,49% más sobre el volumen de 2017), los cuales recorrieron cerca de 7.000 km y generaron más de 6.500 millones de toneladas de CO_2. Ello da idea del efecto que la importación de alimentos tiene sobre el calentamiento global, poniendo, por ello, la necesidad de potenciar el comercio local y/o de proximidad.

En lo referente al consumo de alimentos y, de acuerdo con el Informe de Consumo de Alimentación en España, correspondiente a la anualidad 2021, el consumo per cápita en Asturias de productos de alimentación fue de 658,76 kg-litros, siendo la cantidad invertida de 1.739,39 €/persona. En relación con los datos de consumo ofrecidos por el Ministerio de Agricultura, Pesca y Alimentación (Informe del Consumo Alimentario en España, 2021), hay que señalar lo siguiente:

El consumo de carne fresca en Asturias fue de 31,7 kg/persona*año y para las diferentes tipologías de 5,5 kg/persona*año (vacuno), 11,6 kg/persona*año (pollo), 1 kg/persona*año (ovino y caprino), 9,7 kg/persona*año (cerdo) y 0,8 kg/persona*año (conejo). El consumo de carne transformada en Asturias fue de 12,0 kg/persona*año, el de frutas de 103 Kg, el de legumbres

3,50 Kg y el de productos ecológicos 17,1 Kg, por encima de la media nacional (14,96 Kg). En lo relativo al consumo de leche y productos lácteos, Asturias se sitúa por encima de la media nacional con 137,18 kg/persona*año [94,1 kg de leche líquida y 41,7 kg de derivados lácteos (9,5 kg de queso; 20 kg de leche fermentada)].

De acuerdo con el informe de SADEI (2020), las producciones anuales más relevantes en Asturias son las siguientes:

a) leguminosas grano, 521 t.

b) tubérculos (patata), 6.894 t.

c) hortalizas, 13.878 t.

d) frutales, 22.360 t. (aproximadamente, 4.912 t corresponden a kiwi).

e) viñedo, 96 t.

f) leche de vacuno (promedio bienio 2018-2020) entregada por las explotaciones 560.457 t.

g) leche fresca para consumo (promedio 2018-2019), 501.441 miles L.

h) queso (promedio 2018-2019), 33.187 t.

i) productos cárnicos 44.597 t, de los que 23.446 t correspondieron a canales y carne despiezada y el resto, 21.151 t, fueron platos preparados, productos curados y cocidos y fiambres.

El consumo de carne fresca en Asturias se puede estimar en, aproximadamente, 31.700 t frente a una producción de 23.446 t, existiendo, por ello, un mercado local potencial significativo. Los productos lácteos producidos en Asturias suman 711.772 t frente a un consumo de 137.180 t, por lo que, en este caso, Asturias es claramente un territorio exportador de productos lácteos como leche líquida, fermentados, quesos, etc. En lo relativo a las legumbres, hay que señalar que el consumo en Asturias fue de 3.590 t (pudiendo corresponder 999,49 t a las alubias, si aceptamos, por aproximación, la ratio establecida en el consumo nacional). La producción de leguminosas grano fue de 521 t, por lo que, parece, de nuevo, existir un mercado local de legumbres de gran interés. El consumo nacional de hortalizas fue de 28,21 kg/persona*año; si consideramos que el consumo de Asturias puede estar en el entorno de la media nacional, ello supondría un consumo anual de 28.210 t, frente a una producción de 13.878 t, lo que, de nuevo, nos lleva a concluir la existencia de un mercado potencial local de hortalizas de gran interés. Finalmente, con relación a la producción y consumo de frutas en Asturias, conviene hacer las consideraciones siguientes: a) si se tiene en cuenta, de manera aproximada, que el consumo de kiwi en Asturias pueda estar en el entorno de la media nacional, 2,7 kg/persona*año, se concluye que Asturias es un territorio exportador de esta fruta (4.912 t producidas *vs* 2.700 t consumidas); b) respecto a los frutos de pepita y trasladando a Asturias el porcentaje de consumo de este tipo de fruta en relación con el total de fruta fresca consumida a nivel nacional, podemos considerar que el consumo en Asturias de frutos de pepita sería de 18.230 t (103*0,177= 18,23 kg/persona*año). Teniendo en cuenta que la producción total de frutales en Asturias fue de 22.360 t (que incluye la manzana de sidra, con unas necesidades potenciales en el rango de 35.000-45.000 t) y que la producción de kiwi estaría en torno a 4.912 t, se concluye que hay un déficit de producción de frutos de pepita en el Principado muy importante, tanto para consumo en fresco como para la transformación industrial, lo que supone una excelente oportunidad para la producción local.

Una vez vistas las cifras de producción y consumo de alimentos en Asturias y la importancia del sector agroalimentario en la economía de nuestra Comunidad Autónoma, se procede a exponer las investigaciones e innovaciones más relevantes producidas en Asturias en los últimos años.

DESARROLLO DE LA CONFERENCIA

La reflexión hecha por el filósofo griego Heráclito (540 - 480 a.C.): '*Lo único que es constante es el cambio*', pone de relevancia y en contexto esta conferencia sobre innovación agroalimentaria, ya que la innovación es el motor del cambio.

Por otra parte, es importante señalar el conocimiento y la función social, económica y ambiental que tienen las personas que trabajan en agricultura. Como muy acertadamente indicaba el senador de la república romana, Marco Tulio Cicerón (106 - 43 a.C.): '*La agricultura es la profesión propia del sabio, la más adecuada al sencillo y la ocupación más digna para todo hombre libre*'. Y, en efecto, el desarrollo de las actividades agroganaderas precisa de un profundo conocimiento de los ecosistemas en donde se insertan y ello requiere, efectivamente, mucha sabiduría. Ésta surge de los conocimientos aportados por la cultura campesina desde el neolítico hasta nuestros días, todo ello unido a los nuevos conocimientos e innovaciones que nacen del trabajo de las personas que trabajan en la investigación agroalimentaria. En consecuencia, se debe valorar, motivar y promover la agricultura como una actividad imprescindible, no solamente para proveernos de alimentos sino, también, para mantener e incrementar la biodiversidad y crear paisaje para el disfrute de la ciudadanía.

Este discurso se estructura en tres áreas temática agroalimentarias, la ganadería, la hortofruticultura y la tecnología de alimentos.

PRODUCCIÓN GANADERA

La **ganadería extensiva** nos proporciona un buen número de servicios ecosistémicos como, por ejemplo, la obtención de productos de calidad (carne, queso, fibras.......), la conservación y generación de la biodiversidad (el índice H` de Shanon se sitúa entre 2,5 y 3,5 en los tojales, brezales y tojales-herbazales pastados) y el paisaje, la mitigación de los efectos de los Gases de Efecto Invernadero (en adelante, GEI), la mejora de la fertilidad del suelo (reciclaje de nutrientes), la reducción de la probabilidad, frecuencia e intensidad de los incendios y el mantenimiento de población en el medio rural (demografía). Sin embargo, el pastoreo extensivo en las zonas desfavorecidas de montaña presenta un buen número de limitaciones como: 1- la baja producción vegetal (clima, suelos, vegetación); 2- la deficiente calidad nutritiva de la fitomasa; 3- unas condiciones climáticas adversas (sanidad y rendimiento animal); 4- los malos accesos (dificultad para la instalación de infraestructuras, atención veterinaria…); 5- la ausencia o la limitación de servicios básicos (como la educación, la sanidad, el acceso a las tecnologías digitales…..); o 6- la lucha contra los superdepredadores.

Combustibilidad de matorrales de brezal en Asturias

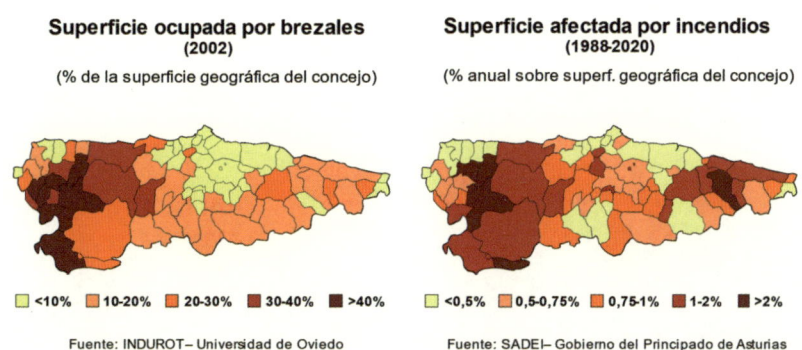

Superficie ocupada por brezales
(2002)
(% de la superficie geográfica del concejo)

Superficie afectada por incendios
(1988-2020)
(% anual sobre superf. geográfica del concejo)

□ <10% ■ 10-20% ■ 20-30% ■ 30-40% ■ >40%

□ <0,5% ■ 0,5-0,75% ■ 0,75-1% ■ 1-2% ■ >2%

Fuente: INDUROT– Universidad de Oviedo

Fuente: SADEI– Gobierno del Principado de Asturias

Figura 1. Relación entre la fitomasa combustible y el desarrollo de incendios en Asturias.

La Fig. 1 pone de manifiesto la estrecha relación existente entre la presencia de fitomasa (brezales) de elevada capacidad de combustión y la incidencia de incendios, siendo especialmente relevante este hecho en el suroccidente asturiano. El papel de los herbívoros en el control de esta fitomasa es determinante (véase Fig. 2).

ACUMULACION DE FITOMASA SIN Y CON PRESENCIA DE HERBÍVOROS

Figura 2. Presencia de fitomasa sin (foto izquierda) y con (foto derecha) gestión con herbívoros.

En la imagen de la izquierda de la Fig. 2 se visualiza un brezal sin pastoreo y en la derecha uno pastado por herbívoros. Sin embargo, la conducta de pastoreo es muy diferente entre rumiantes (vacuno *vs* reciella) y entre herbívoros (rumiantes *vs* equino) (ver Figs. 3 y 4).

Figura 3. Comparación de un brezal pastado por vacuno frente al pastado por pequeños rumiantes.

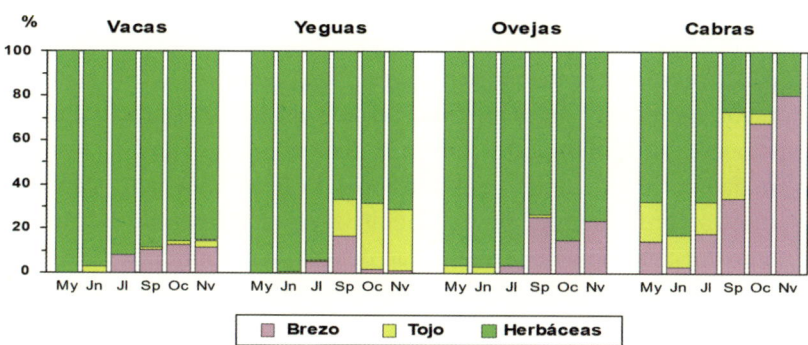

Composición de la dieta seleccionada por vacas, yeguas, ovejas y cabras en brezales-tojales parcialmente mejorados

Figura 4. Conducta de pastoreo de diferentes herbívoros.

Como se puede observar en las Figs. 3 y 4, la dieta preferente seleccionada por los herbívoros de mayor tamaño son las herbáceas, mientras que el caprino se alimenta preferentemente en los brezales-tojales. En consecuencia, esta especie es imprescindible para manejar la fitomasa con mayor capacidad de combustión, lo que disminuirá la incidencia de los incendios y, como consecuencia de ello, la desertización del territorio.

La **ganadería de leche** se produce, actualmente, en las zonas llanas-costeras. Las innovaciones asociadas a una mejora de la eficiencia de las explotaciones de leche devienen de tres áreas de trabajo bien delimitadas e interconectadas: a) la producción de leche y su calidad nutricional; b) la obtención de forrajes dentro de la explotación ganadera; y c) el control nutricional de la dieta de los animales, y todo ello enmarcado en los objetivos de desarrollo sostenible de Naciones Unidas, la Agenda 2030, el Pacto Verde Europeo y el Programa de Transición Ecológica del Gobierno de España para la transformación social y el avance hacia un desarrollo sostenible. En este proceso de transición ecológica la economía circular tiene un protagonismo muy significativo. Así, por ejemplo, se debe realizar un manejo integral de las excretas, mejorar la fertilidad y la salud del suelo, evitar las pérdidas de sustancias volátiles como el amoniaco, facilitar la fijación de los GEI, minimizar el consumo de energía fósil y de fertilizantes químicos, gestionar y optimizar el pastoreo, favorecer el bienestar animal y la biodiversidad y llevar a cabo la rotación de cultivos con leguminosas, crucíferas y gramíneas.

La producción de forrajes dentro de la explotación no solamente facilita la sostenibilidad económica de la producción lechera, sino que, también, permite llevarla a cabo con garantías de sostenibilidad ambiental. Así, por ejemplo, el uso de leguminosas mejora el perfil de ácidos grasos insaturados de la leche, fija nitrógeno atmosférico, lo que minimiza el uso de fertilización adicional, particularmente la de carácter inorgánico, mejora la calidad proteica de la ración con lo que hay un menor uso de concentrado en la dieta con el consiguiente beneficio económico y menor huella ecológica, fija GEI y mejora la biodiversidad de invertebrados, proporcionando beneficios ecosistémicos como la polinización. Adicionalmente, el cultivo de crucíferas sirve como abono verde como consecuencia de la capacidad de éstas para bombear nutrientes hacia la superficie del suelo, tiene efectos alelopáticos sobre invertebrados, nemátodos, hongos y arvenses, por lo que se reduce el uso de pesticidas y secuestran nitrógeno inorgánico, limitando, con ello, la contaminación de los acuíferos. Sin embargo, el cultivo que incide de manera muy directa en la eficiencia de la explotación lechera es una gramínea, el maíz forrajero. En la Fig. 5 se recoge un estudio comparativo de este forraje frente a otros ensilados de hierba, de hierba con forraje seco y de hierba con maíz, pastoreo y dieta con elevado uso de concentrado, en relación con la producción diaria de leche por animal y la cantidad diaria usada de concentrado por litro de leche producido. La producción diaria de leche es significativamente mayor cuando se usa el maíz forrajero (37 L/vaca*día) y el uso de concentrado es significativamente menor (165 g/L leche) cuando se emplea el ensilado de maíz al 100%.

El aprovechamiento de los recursos propios de la explotación ganadera, en un marco de gestión circular, influye no solamente en la mejora de la eficiencia y sostenibilidad económica de la explotación sino, también, en su contribución a mitigar el cambio climático. Así, por ejemplo, cuando se compara la producción de maíz forrajero con fertilización orgánica, proveniente de los recursos de la explotación, frente a la fertilización química inorgánica de síntesis, se constata que con la biofertilización se reduce hasta en un 11,3% la necesidad de aplicar concentrado en la dieta alimenticia de los animales, al incrementarse la cantidad de almidón sintetizada en el maíz y, además, la emisión de GEI, en equivalentes de CO_2/litro de leche, es menor cuando se emplea fertilización orgánica.

El pastoreo es el sistema de alimentación animal que más influye en la composición de ácidos grasos insaturados (ácido linoleico conjugado, CLA) beneficiosa para nuestra salud. Y esta mejora es superior cuando los animales pastan en horas nocturnas como consecuencia de la mayor concentración de azúcares en la hierba. De hecho, la composición de la leche y, particular-

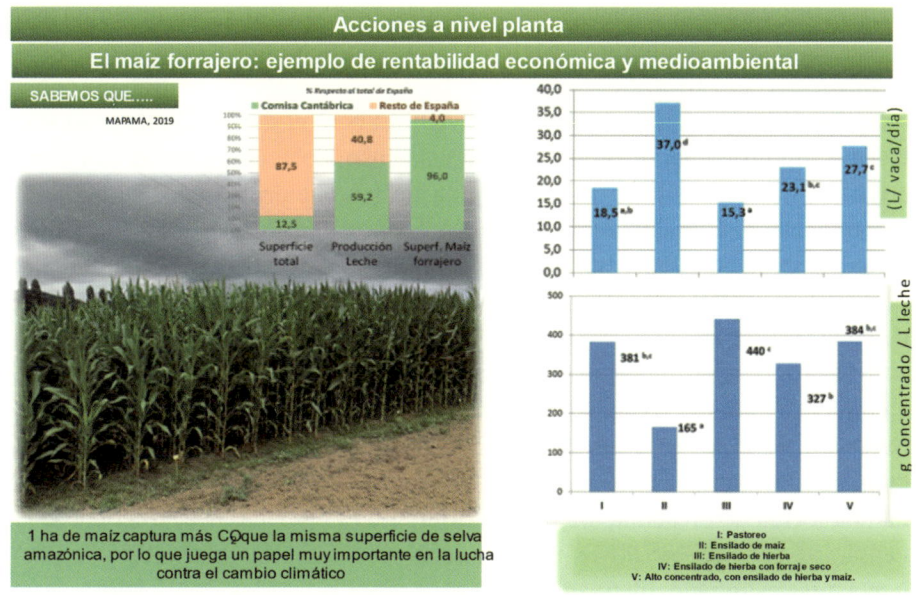

Figura 5. Estudio comparativo de diferentes dietas en el vacuno lechero.

mente, las ratios entre los ácidos grasos insaturados, permite explicar más del 90% de la variabilidad de los sistemas de alimentación animal. Así, por ejemplo, la presencia de determinados antioxidantes y de biomarcadores genéticos no codificantes, como los micro-ARN, permite diferenciar los diferentes sistemas de producción de la leche, intensivo *vs* extensivo o convencional *vs* ecológico.

La **patología animal** es uno de los factores de ineficiencia de los sistemas ganaderos y un problema de salud pública.

En relación con las enfermedades infecciosas y, más concretamente de aquéllas que intervienen en los abortos bovinos, cabe destacar la mejora de las técnicas de diagnóstico de virus como el *Herpesvirus bovido 1* (IBR) y el *virus de la diarrea vírica bovina* (BVD) y de brucelas (*B. abortus* y *B. melitensis*). Otros parásitos como las neosporas (*Neospora caninum*), se detectan y diagnostican por técnicas histológicas de cortes de encéfalo en los fetos bovinos. También, se estudiaron patologías infecciosas causadas por parásitos como *Hypoderma bovis* e *Hypoderma lineatum* que causan hipodermosis, determinándose con éxito el tratamiento con ivermectina. Ya en el ámbito de otras especies, como el conejo, el grupo de investigación de sanidad animal fue pionero, junto con el liderado por el Dr. Parra de la Universidad de Oviedo, en determinar el agente patógeno causante de la enfermedad hemorrágica, patología con un fuerte impacto en cunicultura. Se determinó que el agente infeccioso era un calicivirus. En el ámbito alimentario, se trabajó con la Corporación Alimentaria Peñasanta (CAPSA) para el desarrollo de productos lácteos con propiedades biológicas, en este caso leche enriquecida con inmunoglobulinas (anticuerpos) frente a una de las bacterias que más habitualmente causa diarreas en niños, *Campylobacter jejuni*. El proceso fue objeto de una patente en 2010: "Nº: 200600420 titulada "Método para la elaboración de un producto lácteo enriquecido en inmunoglobulinas específicas frente a *Campylobacter jejuni*".

El grupo de las enfermedades zoonóticas ha sido muy estudiado. Así, por ejemplo, la sarna sarcóptica, enfermedad parasitaria producida por el ácaro *Sarcoptes scabiei*, se abordó poniendo a punto las técnicas serológicas de diagnóstico y su aplicación al caso de los carnívoros silvestres en los que se da una forma de presentación clínica diferente (alopécica). Las micobacterias causantes de la tuberculosis han sido, con gran diferencia, el grupo de patógenos más estudiado, al estar íntimamente vinculado a las campañas de saneamiento ganadero. Fruto de estos intensos trabajos de investigación y gracias al esfuerzo del sector de la ganadería y de la administración del Principado de Asturias, nuestra Comunidad Autónoma está declarada zona exenta de esta importante patología zoonótica, con unas prevalencias estimadas del 0,06% en la campaña de 2022 (0,8% de prevalencia media en el estado español). También, hay que destacar los estudios sobre la paratuberculosis y su interacción con la detección de la tuberculosis mediante la prueba de la tuberculina que se realiza en las campañas de saneamiento ganadero. Respecto a la fiebre Q, hay que resaltar que en Asturias se diagnostica anualmente un número significativo de casos en humanos de esta patología, siendo los animales la única fuente de infección para las personas. Se determinó que el agente causal de la patología, *Coxiella burnetii*, estuvo presente en un porcentaje muy importante de rumiantes domésticos y ungulados silvestres.

De los diferentes vectores de enfermedades, las garrapatas tienen un especial interés en Asturias por darse en nuestra región unas condiciones de abundante vegetación, climáticas (humedad) y faunísticas (gran variedad de animales domésticos y silvestres) muy favorables para su supervivencia y multiplicación. Se han recogido e identificado garrapatas en la casi totalidad de municipios, realizando un estudio de la evolución de su abundancia a lo largo del año y durante varios años. Y se ha identificado y cuantificado su papel como portadores de agentes infecciosos zoonóticos, especialmente borrelias de Lyme, anaplasmas, piroplasmas y rickettsias.

Los **estudios genéticos** en producción animal se han dirigido a la caracterización de la variabilidad genética mediante información cuantitativa, genealógica y molecular; lo cual resulta imprescindible para la conservación de razas en peligro y la selección de los animales más rentables. También, se ha abordado con éxito la mejora genética del vacuno de carne orientada a obtener animales adaptados a diferentes ambientes y dirigida a caracteres secundarios para obtener animales más sanos y longevos. Estos rasgos influyen muy significativamente en la eficiencia y rentabilidad de las exploraciones de carne asturianas. En este sentido, conviene señalar que se estimaron por vez primera parámetros genéticos de caracteres reproductivos con una heredabilidad moderada. Así, por ejemplo, la heredabilidad del carácter "supervivencia del ternero" es de tipo medio (h= 0,226) y la de "días vacía de las reproductoras" algo menor (h= 0,135). La supervivencia del ternero se correlaciona positiva y significativamente (0,644) con el rasgo "intervalo entre partos", lo cual influye de manera muy importante en la rentabilidad de las explotaciones y el carácter "días vacía de las reproductoras" se correlaciona negativa y significativamente (-0,308) con la fecha óptima del parto, por lo que cuanto más tiempo se tarde en fertilizar a las reproductoras, más nos alejamos de la fecha óptima de parto, lo cual influye en la rentabilidad dado que va a ser necesaria la compra de alimento al retrasarse la salida al pasto.

Se ha diseñado un programa informático (denominado ENDOG) fácil de emplear por el usuario y muy eficaz para la gestión de poblaciones ganaderas pequeñas, como las asociaciones de criadores de Pony Asturcón, Oveya Xalda y Gochu Asturcelta. Los criadores de estas razas lo utilizan para planificar apareamientos de mínima consanguinidad.

Por otra parte, el grupo de investigación de genética animal participó en un estudio internacional sobre las migraciones humanas en el neolítico a partir de los desplazamientos de animales de raza ovina. La identificación de retrovirus integrados en el genoma ovino permitió confirmar la hipótesis histórico-arqueológica de que la domesticación y diseminación de la oveja en Eurasia se realizó en dos momentos históricos diferentes para las ovejas muflónica y las especializadas en lana y carne. En el caso particular de nuestra raza ovina Xalda, se confirmó su relación genética con poblaciones de ovino del norte de Europa y se considera un relicto directo de la introgresión de la población Celta en la península Ibérica en la edad de hierro.

Los estudios sobre la **reproducción animal** se han centrado en las técnicas de reproducción asistida y, más concretamente, en la fertilización *in vitro* (en adelante, FIV). Con esta tecnología se pueden obtener muchos embriones sincronizados en una etapa específica del desarrollo, mantenidos en frío (criopreservación) y luego transferidos a vacas receptoras sincronizadas hormonalmente. También, facilita el manejo del cruzamiento entre razas bovinas cuando se trabaja con más de dos, permite producir *in vitro* embriones de sexo conocido utilizando semen sexado, lo que promueve una racionalización de la explotación ganadera y posibilita producir embriones de vacas donantes de alto valor genético con problemas reproductivos o animales sacrificados, sobre los que se extraen los ovarios y ovocitos en el matadero, se criopreservan y finalmente, una vez descongelados, se maduran y fertilizan *in vitro*.

Los resultados más recientes y de mayor interés en las investigaciones hechas en la técnica FIV, muestran que el endometrio reacciona a la presencia de embriones modificando el proteoma del fluido uterino, de tal forma que cuando se introduce éste en el medio de cultivo de los embriones FIV, se produce un mejor crecimiento de éstos (ver Fig. 6) cuando se emplea un fluido uterino con un proteoma derivado de la interacción en el endometrio con embriones macho.

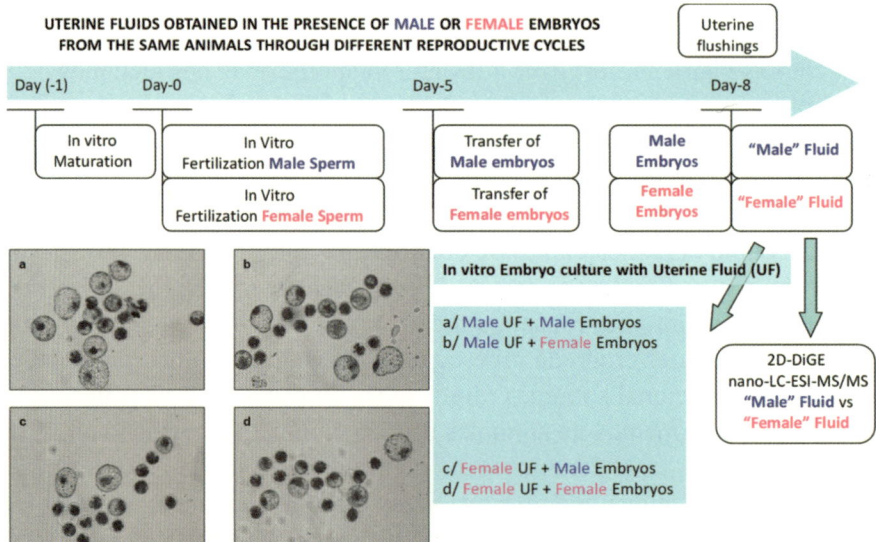

Figura 6. Fotografías (a, b, c y d) que muestran que el desarrollo de embriones macho y hembra es mejor cuando en el medio de cultivo hay fluido uterino procedente de la implantación de embriones macho (a y b) que cuando procede de embriones hembra (c y d).

Se ha evaluado y establecido un grupo de biomarcadores procedentes del plasma sanguíneo de receptoras (analizados por resonancia de protón, ¹HNMR) y del medio de cultivo de embriones (analizados por UHPLC-MS-MS) que permiten predecir el éxito de la fertilización *in vitro* hasta el nacimiento del ternero. Ello supone un avance muy importante para la mejora de la eficiencia de la técnica FIV, al conocer *a priori* qué receptoras y qué embriones a transferir son los más idóneos para el éxito reproductivo. Estos biomarcadores evitan costes asociados a las receptoras y transferir embriones inviables (y abortos), el impacto ambiental es positivo, al tener menos animales en el proceso reproductivo y son, previsiblemente, baratos y simples de usar.

Se han detectado diferencias metabólicas entre los terneros nacidos por FIV con y sin congelación previa de los embriones antes de su transferencia a la receptora. Así, por ejemplo, el metabolismo de las proteínas es diferente al detectarse un incremento de la creatinina en los embriones congelados (tanto vitrificados como los congelados estándar). Y se ha observado una mayor concentración de Na^+ hemático (hipernatremia; rasgo metabólico compatible con diarrea, pero no observada) en terneros procedentes de embriones vitrificados *vs* aquellos terneros que provienen de embriones frescos y con congelación estándar. Estos resultados ponen de manifiesto la necesidad de seguir profundizando en esta línea de investigación con el fin de conseguir el protocolo FIV más adecuado para garantizar el nacimiento de terneros sanos.

PRODUCCIÓN HORTOFRUTÍCOLA

El programa de investigación en **manzano** ha llevado a cabo un intenso y profundo trabajo de investigación de variedades locales de manzano de sidra asturianas por medio de un estudio de prospección, evaluación agronómica (resistencia a enfermedades, producción, época de floración y maduración…..) y tecnológica (calidad de fruto) y caracterización morfométrica y molecular. Este trabajo ha supuesto un elemento de innovación en el establecimiento de la DOP Sidra de Asturias, con la aportación de 35 variedades caracterizadas y seleccionadas por el SERIDA e incluidas en esta DOP.

Por otra parte, desde el inicio de los años 90, se puso en marcha un programa de mejora genética del manzano de sidra y mesa con el objetivo de incorporar rasgos de interés como: alta resistencia a bio-agresores, producción regular, elevado contenido en fenoles para variedades de sidra y de maduración tardía. La innovación introducida en el sector de la manzana se sustancia con la obtención de 20 nuevas variedades seleccionadas por su buena producción, resistencia y rusticidad (18 de ellas incluidas en la DOP) (ver Fig. 7).

De manera periódica (2-3 veces al año), se llevan a cabo jornadas de transferencia de tecnología frutícola en el ámbito del sistema productivo. Así,

A   B

Figura 7. A: Manzana de sidra de alta resistencia: X9001-22; B: Manzana de mesa resistente y de producción regular: X9406-11.

por ejemplo, se han transferido los modelos de mantenimiento de líneas y calles, la poda de formación y mantenimiento, el aclareo para controlar la alternancia, la elección de la mejor asociación portainjertos/variedad, el sistema más sostenible de fertilización orgánica *vs* inorgánica y de protección frente a bio-agresores (plagas y enfermedades), el control de micrótidos [por ejemplo, topillo campesino (*Microtus arvalis*) y rata-topo (*Arvicola terrestris*)] y los fitoplasmas (causan una de las enfermedades más importantes del manzano en Europa, reducen el tamaño, peso y la calidad del fruto y el vigor del árbol e incrementan la susceptibilidad al moho blanco), etc.

Por otro lado, el entorno vegetativo y la biodiversidad del espacio donde se ubique el cultivo del manzano juegan un papel muy importante en el equilibrio ecológico de las especies presentes en este ecosistema, afectando a la eficiencia del cultivo y al modelo de gestión sostenible de la pomarada. En la Fig. 8 se muestra el efecto de la mayor o menor presencia de dosel arbóreo y/o de sebes sobre la abundancia y diversidad de la avifauna, aumentando éstas de manera lineal con el porcentaje de vegetación existente en las cercanías de la pumarada; y el mismo efecto se observa sobre la abundancia y diversidad de invertebrados polinizadores, que aumentan con el incremento del porcentaje de vegetación leñosa en el entorno del cultivo; y, como consecuencia de ello, se produce un mayor cuajado de los frutos. En la Fig. 9, se recoge el efecto de la presencia de la avifauna en el control de daños que provocan los áfidos (pulgones) en los brotes y ramas del árbol. La presencia de pájaros disminuye de manera significativa (hasta un 70%) el daño de los pulgones en los brotes y ramas del manzano.

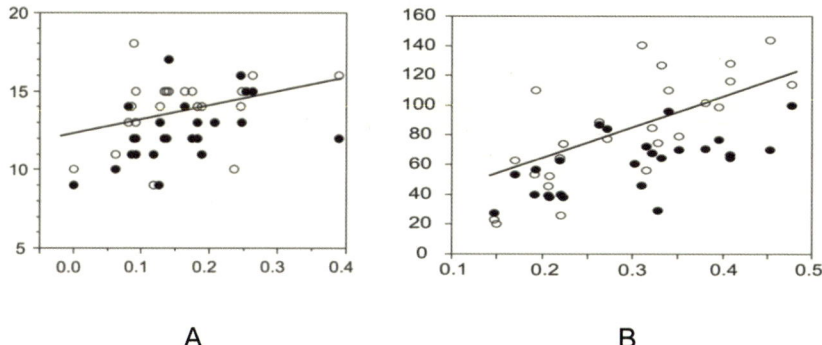

A   B

Figura 8. Efecto del porcentaje de cubierta de dosel arbóreo sobre la abundancia (B) y diversidad (A) de avifauna en las pomaradas.

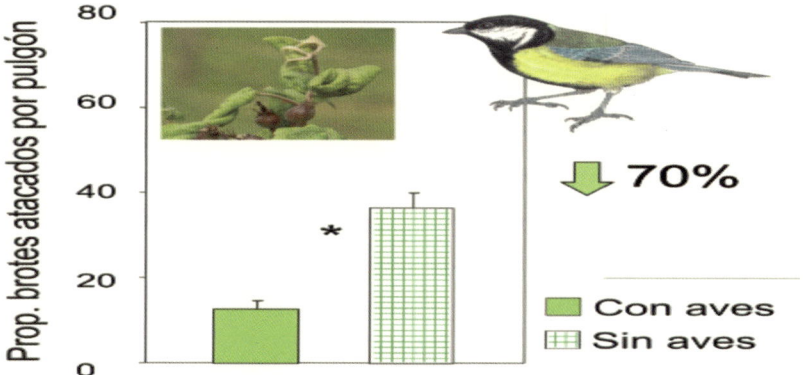

Figura 9. Disminución de daños (70%), provocados por áfidos en los brotes y ramas del manzano, por efecto de la presencia de avifauna.

La denominada agricultura de precisión 4.0 es una herramienta poderosa para mejorar la eficiencia y productividad de las plantaciones hortofrutícolas, implementando un modelo de gestión sostenible que minimiza tanto la huella hídrica como la ecológica. Se fundamenta en la sensorización [temperatura, humedad, DPV (Déficit Presión Vapor-detección riesgo plagas)], la conectividad en red mediante Internet de las cosas (IoT; conexión objetos físicos a la red), el análisis de los datos por técnicas BIG DATA de inteligencia artificial, la automatización de las labores a realizar en el cultivo mediante sistemas autónomos y la soberanía energética por medio de fuentes renovables como la energía fotovoltaica. En la Fig. 10, se recoge un ejemplo de elevada producción por planta de arándano en un cultivo protegido sobre contenedor y gestionado mediante agricultura de precisión. Como se puede observar, se llega a producir entre 3,5 y 4,0 Kg de arándano/planta. El arándano, junto con el resto de los frutos rojos (frambuesa, fresa, zarzamora) son ricos en compuestos bioactivos o fitoquímicos, presentando unas excepcionales propiedades antioxidantes (>1 µMol Trolox/100g) y unos excelentes efectos sobre la salud, que son resumidos en la Fig. 11, destacando las propiedades antinflamatorias, las antitumorales, las cardiovasculares, las antimicrobianas y las neurodegenerativas.

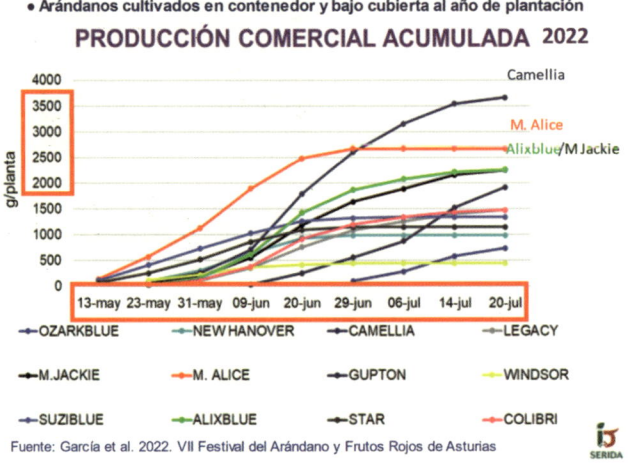

Figura 10. Producción acumulada de arándano cultivado en contenedor y bajo cubierta.

PROPIEDADES	POLIFENOLES	BERRIES	
Antioxidantes	Proantocianidinas y antocianinas	Todos	
Neuro-degenerativas	Flavonoles	Moras (morera) - Fresa frambuesa	
Antiinflamatorias	Flavanoles (Quercetina) y Antocianinas	Fresa	
Antitumoral	Flavonoides	Todos	
Mama, útero, próstata y piel	Ac. Elágico, Quercetina, Antocianinas	Fresa y frambuesa	
Cardiovasculares	Flavonoides (antocianos , quercetina)	Todos	
Diabetes	Urolitinas (derivado del ac. Elágico), Antocianos	Moras (morera)	
Obesidad	Catequinas, antocianinas		
Disfunción eréctil	Antocianinas	Arándano, Zarzamora, grosella negra	
Antimicrobiano [1]	Proantocianidinas y antocianinas	Arándano Zarzamora	

[1]no afecta a bacterias probióticas

Cory et al. (2018)*Frontiers in Nutrition.* Doi: 10.3389/fnut.2018.00087.
Fuente: R. Moreno Rojas. 2015. I Congreso Frutos Rojos, Huelva

Figura 11. Efectos sobre la salud de los compuestos bioactivos presentes en los frutos rojos.

Los estudios de **mejora genética** de otras especies vegetales como las hortícolas, los trigos, los frutos secos, etc., tienen por objeto la obtención de nuevas variedades mejoradas, a partir de las poblaciones locales, desde el punto de vista del rendimiento productivo y de la calidad sensorial y nutricional, posibilitando un cultivo más sostenible a través de sus rasgos mejorados. El proceso de mejora requiere llevar a cabo un estudio de la herencia de los caracteres de interés (resistencia a hongos, tamaño y calidad de la semilla y la vaina, etc.), tomando, en este caso, la judía granja (*Phaseolus vulgaris*) como

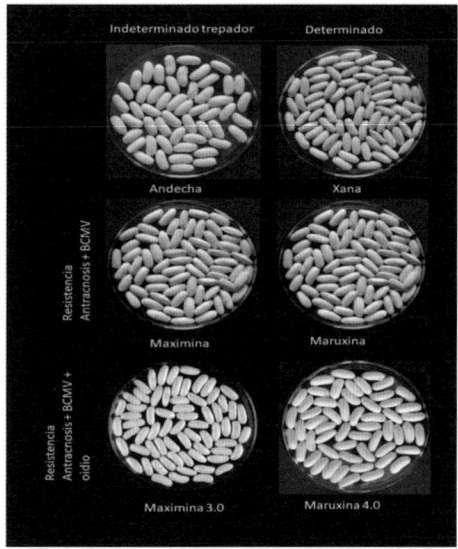

Figura 12. Variedades mejoradas de judía granja a partir de la variedad local `*Andecha*`.

modelo. Para ello, se utiliza el análisis genético directo, es decir, identificando el gen que es responsable de un determinado fenotipo. Con este fin, se realiza un estudio del fenotipo de la población (fenotipado) de la especie de interés, a continuación, se hace el genotipado mediante el análisis SNP (polimorfismo de nucleótido único), se lleva a cabo un análisis genético (centrado en determinados genes) y genómico (estudiando el genoma completo), se identifican y validan los genes diana de interés agronómico y de calidad y, finalmente, se realiza una mejora genética de precisión mediante la edición génica.

Las principales innovaciones conseguidas en el programa de genética vegetal se ilustran en la Fig. 12. Las variedades de crecimiento determinado obtenidas son `*Xana*`, `*Maruxina*` y `*Maruxina* 4.0`. Estas variedades incorporan el gen *fin* de crecimiento determinado. La variedad `*Maruxina*` se caracteriza por tener resistencia a las razas locales de antracnosis, al virus del mosaico común y moderados niveles de resistencia al oídio y la variedad `*Maruxina* 4.0` es resistente a oídio, además de los rasgos descritos para la variedad `*Maruxina*`. Las variedades `*Andecha*`, `*Maximina*` y `*Maximina* 4.0` son de crecimiento indeterminado. La variedad `*Maximina*` es resistente a razas locales de antracnosis y virus del mosaico común y la variedad `*Maximina* 4.0` incorpora, adicionalmente, la resistencia al oídio. Paralelamente, se está trabajando en la mejora genética de resistencia a la mancha angular vinculada al gen *Phg*-2.

Por otra parte, se obtuvieron líneas homogéneas de escanda asturiana caracterizadas y diferenciables a partir de las poblaciones locales suministradas por los agricultores. Como resultado de ello, se caracterizaron tres líneas denominadas: `blanquina`, `azul` y `roxa` a nivel morfométrico (planta y espiga) y tecnológico (aptitud para la panificación). En el BOE 271, de fecha 12 de noviembre de 2021, quedaron oficialmente registradas como variedades comerciales de conservación locales/autóctonas. En un objetivo similar se está trabajando con las variedades locales de avellano siguientes: `casina`, `priero`, `pumares` y `forcinas` (ver Fig. 13).

Figura 13. Variedades locales de avellano de Asturias.

Las investigaciones llevadas a cabo en **patología vegetal** se han centrado en el estudio de los patógenos (hongos, bacterias y virus) que afectan a los cultivos asturianos de mayor interés: hortofrutícolas, forestales y forrajeros y en el saneamiento de semillas para siembra. Algunos ejemplos se detallan a continuación:

- Caída del botón floral en el kiwi producida por *Pseudomonas syringae* pv. syringae y *Pseudomonas viridiflava*.
- Chancro bacteriano del kiwi producido por *Pseudomonas syringae pv. actinidiae*.
- Bacteriosis en judía tipo granja asturiana, ejemplo: *Pseudomonas syringae* pv. *phaseolicola* y en judía verde, con síntomas de amarilleo, clo-

rosis y necrosis, causada por *Erwinia persicina*. Se ha detectado una bacteria de cuarentena, *Curtobacterium flaccumfaciens* pv. *flaccumfaciens*, que provoca la marchitez en la judía.

• Decaimiento del roble (presencia de exudados oscuros) causado por *Brenneria goodwinii* y *Gibbsiella quercinecans*.

• En la Fig. 14, se ilustran los daños causados por *Pseudomonas asturiensis* en soja forrajera. Este patógeno fue descrito por primera vez por el grupo de patología vegetal.

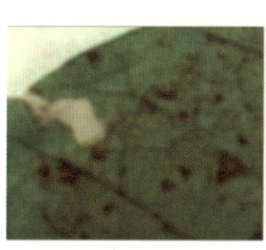 

Figura 14. Daños por bacteriosis en las hojas de soja forrajera.

• Deformación de hojas, amarilleamiento, clorosis y necrosis en judía granja asturiana causada por *Clavibacter phaseoli* (Fig. 15).

• En la Fig. 16 se muestra un chancro en el castaño causado por cepas de *Cryphonectria parasítica*. La estrategia de control biológico de esta patología se basa en el uso de cepas hipovirulentas del hongo (contienen un hipovirus). Este virus convierte al hongo en hipovirulento y se transmite de forma horizontal mediante un mecanismo que se conoce como

Figura 15. Daños causados en judía granja asturiana por la bacteria *Clavibacter*.

Figura 16. Imagen de un chancro en el castaño.

"anastomosis hifal", que consiste en el intercambio de material cito-plasmático entre dos hifas del hongo. Este mecanismo de intercambio permite al virus pasar de la cepa hipovirulenta del hongo a la virulenta, convirtiéndola, a su vez, en hipovirulenta. La anastomosis sólo se produce entre cepas que pertenecen al mismo Grupo de Compatibilidad Vegetativa (GCV).

TECNOLOGÍA DE ALIMENTOS

La **producción de carne** debe llevarse a cabo en un entorno de sostenibilidad ambiental y de calidad diferenciada, generando biodiversidad, conservando el paisaje y minimizando la huella ecológica, hídrica y de carbono. En este sentido, no hay que olvidar que la ganadería industrial es responsable del 14% de emisiones de CO_2 equivalente. Por ello, el sistema de producción extensiva con razas autóctonas, como la Asturiana de los Valles y la Asturiana de la Montaña (casina), es el modelo a seguir, teniendo en cuenta, además, que el consumo promedio de carne anual per cápita en España es de 50 kg frente a la recomendación de la OMS de 20 kg/persona*año. Las innovaciones más relevantes derivadas de las investigaciones realizadas se enmarcan en la detección de biomarcadores (básicamente del proteoma) relacionados con la calidad de la carne, el sistema de producción y el manejo del animal en el peri-sacrificio y en la puesta a punto de técnicas rápidas de infrarrojo para la evaluación de la calidad sensorial, microbiológica y de procedencia de la carne.

El proceso de conversión del músculo en carne consta de tres fases: a) pre-rigor, periodo durante la cual el músculo permanece excitable; b) rigor, momento en el que las reservas energéticas del músculo se agotan y se alcanza la rigidez máxima; y c) post-rigor, periodo de maduración donde se produce el ablandamiento o tenderización de la carne por la acción de sistemas enzimáticos endógenos. El estrés que sufren los animales *ante* o *peri-mortem* está muy relacionado con la calidad de la carne. Se han detectado marcadores proteómicos relacionados con la estructura muscular y de contracción (TNNC, TNNI, ACTA1, DES), el mantenimiento de la homeostasis (consiste en lograr un ambiente interno estable y relativamente constante), el metabolismo celular (GAPDH, PKM, ALDOA) y proteínas de choque térmico o de estrés (HSPA1A, HSPB1, CRYAB) que nos informan del modelo de producción seguido y de las condiciones que el animal sufre en el peri-sacrificio y el transporte. Así, por ejemplo, las proteínas de estrés están muy relacionadas con la aparición de un defecto sensorial importante, denominado DFD (Dark, Firm, Dry), es decir, carne dura, oscura y seca.

La utilización de la información que nos proporciona la luz infrarroja en las longitudes de onda de 700 a 2.500 nm cuando ésta incide sobre la muestra que es objeto de análisis, ha permitido clasificar con éxito la carne procedente de diferentes razas de animales y aquélla que tiene alteraciones de carácter microbiológico (ver Fig. 17) y sensorial (ver Fig. 18). Así, por ejemplo, utilizando un modelo de clasificación discriminante por mínimos cuadrados parciales (PLS), con corrección espectral SNVD (Standard Normal Variate and Detrending) (2,4,4) para corregir la radiación difusa, obtener un espectro con media cero y desviación estándar 1 y eliminar la curvatura de la línea de base, se han clasificado con éxito el 82,9% de las muestras de la raza Asturiana de la Montaña, el 83,5% de la raza Asturiana de los Valles y el 91,3% de la raza Pirenaica.

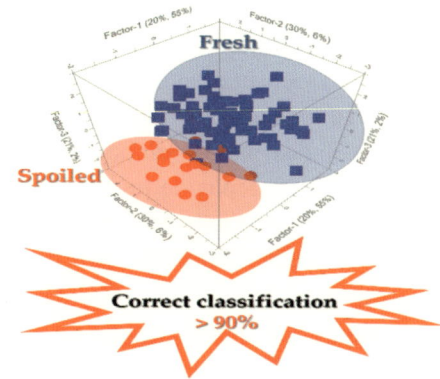

Figura 17. Análisis discriminante que diferencia la carne de cerdo alterada (Spoiled) de la no alterada (Fresh).

En la Fig. 17 se recogen éxitos de clasificación del 90%, utilizando un análisis PLS discriminante, de la carne de cerdo con alteraciones microbianas *vs* sin alteraciones. Y en la Fig. 18, se exponen los resultados de un análisis discriminante por mínimos cuadrados parciales (PLS-DA), para carnes de Asturiana de los Valles con defecto DFD *vs* sin defecto, determinándose una sensibilidad del 93% y una especificidad del 100%.

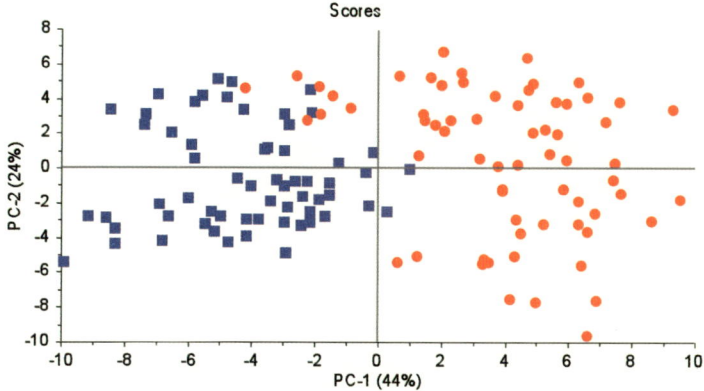

Figura 18. Análisis discriminante para diferenciar la carne con DFD (color rojo) frente a la carne no alterada (color azul).

A continuación, y para finalizar, se describen las innovaciones obtenidas en los **productos derivados de la manzana**. Uno de los resultados más innovadores es el que hace referencia a la caracterización y selección de microorganismos capaces de llevar a cabo con eficiencia y calidad los bioprocesos diseñados para la elaboración de sidras espumosas y de hielo. Se han seleccionado 12 cepas de levaduras para la elaboración de sidras de segunda fermentación, mediante el método Champenoise, que tienen tolerancia al alcohol, a la presión y al SO_2, son buenas floculantes, presentan unas adecuadas propiedades autolíticas vinculadas a una buena valoración de los atributos de espuma y tienen un buen perfil aromático. También, se han seleccionado cuatro cepas de levaduras para la obtención de sidras de hielo que presentan la capacidad de crecer y fermentar en un entorno de elevada concentración de azúcar y alcohol y producen un buen perfil aromático.

El segundo elemento innovador se refiere a la magaya de manzana. Ésta ha sido considerada, desde siempre, un contaminante, lo cual es un serio problema medioambiental habida cuenta de que se producen anualmente 9 millones de Kg. La aplicación de un modelo de economía circular al sector de la sidra nos lleva a modificar el concepto de que la magaya sea un contaminante para pasar a considerarla un recurso de elevado valor añadido. Contiene en su composición, entre otros, dos grupos de compuestos con un alto valor nutricional, a saber, los carbohidratos complejos (fibra soluble e insoluble) y los fitoquímicos (polifenoles, ácidos triterpénicos, ácidos grasos y tocoferoles).

La fibra dietética o soluble, está formada por aquellos carbohidratos (oligosacáridos de la leche humana, inulina, glucanos, fructo-oligosacáridos, galacto-oligosacáridos y pecto-oligosacáridos) que son fermentados en el intestino. Se recomienda una ingesta diaria de 25-30 g, sin embargo, el consumo medio diario es aproximadamente la mitad 12-15 g. De hecho, está demostrado que una ingesta adicional diaria de 10 g de fibra reduce en un 7% el riesgo de padecer un cáncer de colon. En este sentido, conviene destacar que, en un ensayo de elaboración de productos de repostería y panadería sin gluten, a partir de la magaya de manzana (incorporación 5-10 % harina de magaya), se determinó un incremento del 133% de fibra en el pan y un 65% de fibra en los dulces.

La fibra se define como un ingrediente alimentario no-digerible (prebiótico) que produce beneficios para la salud de nuestro organismo, estimulando de manera selectiva el crecimiento o la actividad de un número limitado de microorganismos (probióticos) en el colon (ello conlleva una mejora de la salud gastrointestinal, como algunos tipos de diarrea, el estreñimiento, el síndrome del intestino irritable o la inflamación intestinal, la prevención de infecciones y la estimulación de fagocitos). Entre dichos microorganismos (que forman parte del microbioma humano) se incluyen los géneros *Lactobacillus* y *Bifidobacterium*.

Los fitoquímicos presentes en la magaya de manzana se caracterizan, entre otras propiedades, por ser potentes secuestradores de especies reactivas de oxígeno (ROS) que, como es bien sabido, están involucradas en la etiopatogenia de diversas enfermedades, como la arterosclerosis, el cáncer, la hipertensión arterial, etc. Sin embargo, es necesario determinar, para cada fitoquímico, su biodisponibilidad. Para ello, se ha diseñado un test *in vitro* que simula las diferentes fases del proceso digestivo: a) oral; b) gástrica; c) intestinal; y d) transporte a través de la barrera intestinal (ver Fig. 19).

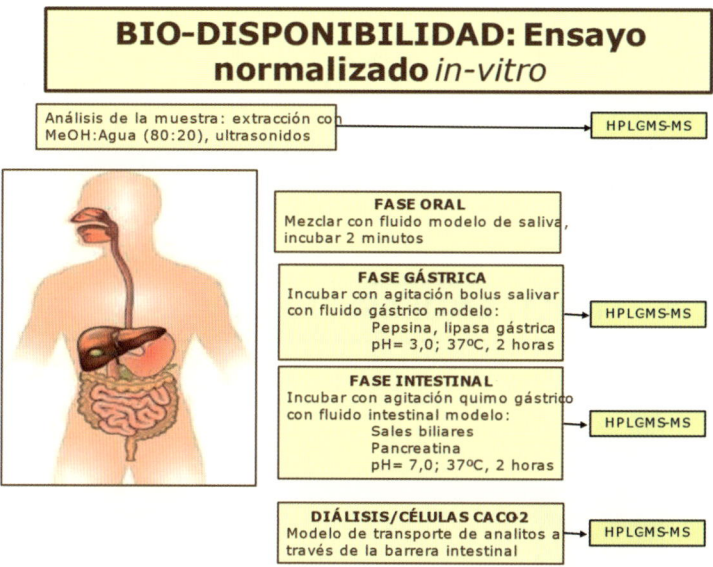

Figura 19. Ensayo *in vitro* de biodisponibilidad.

A continuación, se exponen un par de ejemplos de biodisponibilidad de fitoquímicos de la magaya de manzana. En la Fig. 20, se puede observar que los ácidos hidroxicinámicos, particularmente el ácido clorogénico, mayoritario en la manzana, son muy poco biodisponibles [compárese la fase de transporte (verde) con la fase inicial-oral (azul)]. Sin embargo, en el caso de los flavonoles (ver Fig. 21), que están presentes en la piel de la manzana, sí tienen una buena biodisponibilidad, véase el caso concreto del quercetín 3-ramnósido.

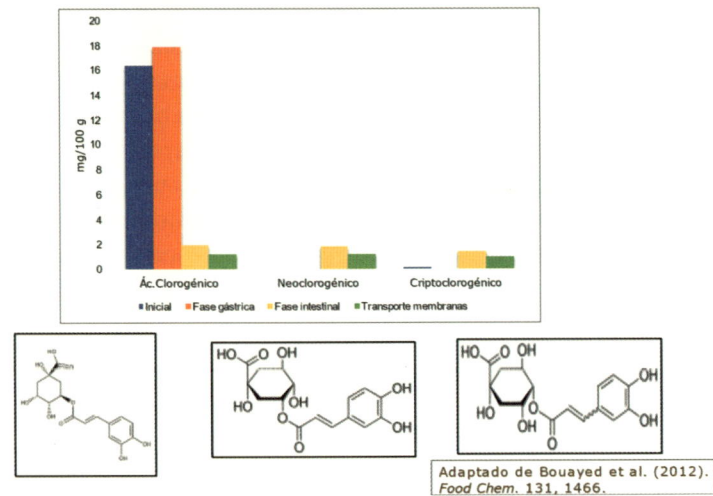

Figura 20. Ensayo de biodisponibilidad de los ácidos hidroxicinámicos.

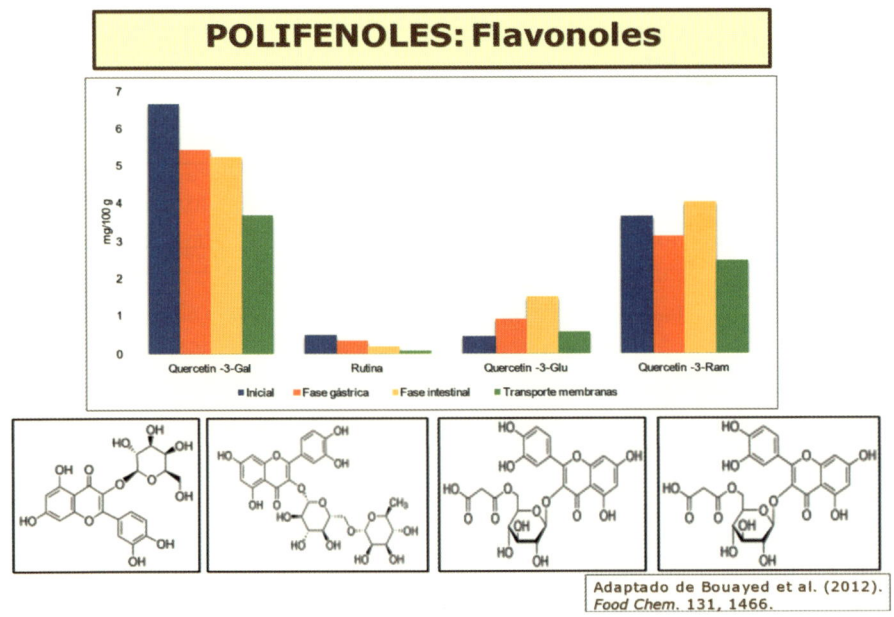

Figura 21. Ensayo de biodisponibilidad de los flavonoles.

CONCLUSIONES

Hay que significar, en primer lugar, que se dispone de un número muy significativo de innovaciones agroalimentarias en los ámbitos agroganadero, hortofrutícola y en el sector de la tecnología de los alimentos, que han contribuido de manera muy destacada a la mejora de la eficiencia de las explotaciones agrarias y empresas agroalimentarias del Principado de Asturias y a la calidad de sus producciones. Y, en segundo lugar, es muy reseñable destacar la calidad del capital humano que dispone nuestra Comunidad Autónoma, a través de los Centros de Investigación Agroalimentaria y la Universidad de Oviedo; su trabajo y buen hacer es imprescindible para poder seguir aportando conocimiento y generando las innovaciones que se necesitan en un entorno cambiante y así poder abordar con éxito los retos tecnológicos que nos impone el cambio global que está en marcha.